APRENDIENDO CON YAYA

OPUESTOS

Escrito por: Yael Herszkopf Mayer, M.S. CCC-SLP

Ilustrado por: Leslie Pinto

Un elefante es grande, grande, grande.

Una mariposa es
pequeña, pequeña, pequeña.

A Joe le gustan los tigres porque son RAPIDOS.

A Mei le gustan los globos porque son **LIVIANOS**.

A mi me gustan

_____

Porque

_____

Conoce a la autora

Yael Herszkopf Mayer, M.S, CCC-SLP obtuvo su Maestría en Patología del habla y del lenguaje- Extensión Bilingüe en Teachers College, Columbia University y recibió su bachillerato en Psicología Clínica en la Universidad de Iberoamérica en Costa Rica.

Herszkopf Mayer es una patóloga del habla y del lenguaje bilingüe Inglés/Español. A lo largo de su carrera ha trabajo con niños con una variedad de problemas de la comunicación, en diversas instituciones.

Herszkopf Mayer tiene licencia para ejercer en los estados de Florida y Maine, y ofrece servicios en su práctica privada, Speech Journeys, LLC.

OTROS TITULOS

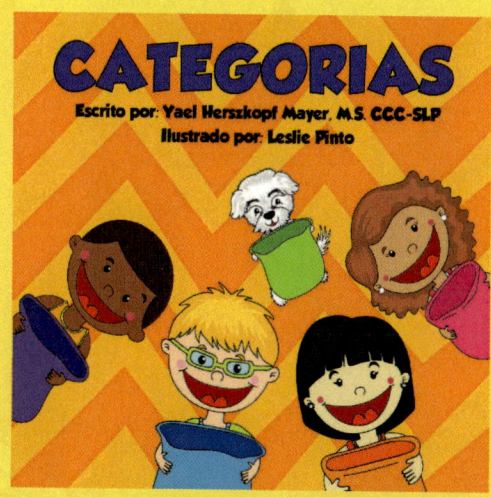

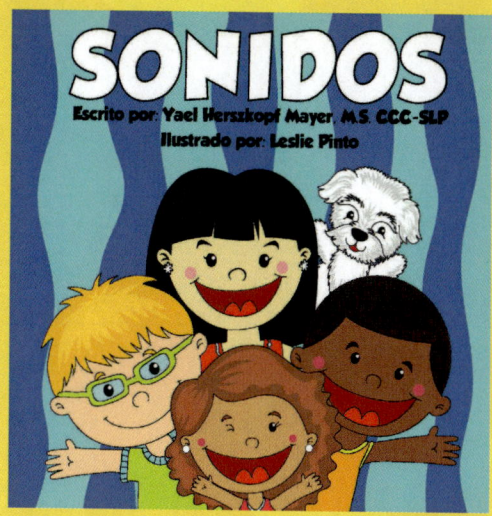

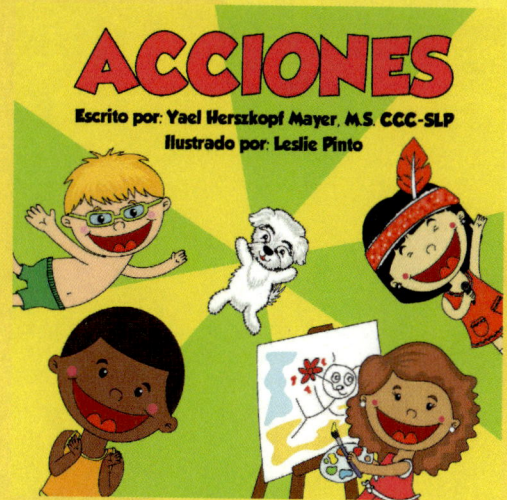

También disponibles en Inglés.

Visítanos en:
www.learningwithyaya.com
Contáctanos en:
contact@learningwithyaya.com

Un conejo corre
rápido, rápido, rápido.

**Una tortuga anda
lento, lento, lento.**

**El fuego es
caliente, caliente, caliente.**

La nieve es
fría, fría, fría.

Una roca es
dura, dura, dura.

Una almohada
es suave, suave, suave.

Me lavo las manos y estoy
limpia, limpia, limpia.

Juego con tierra y estoy sucia, sucia, sucia.

Mi vaso de leche esta lleno, lleno, lleno.

Lo tomo y queda
vacío, vacío, vacío.

Mi pelo en la ducha esta mojado, mojado, mojado.

Agarro una toalla y queda
seco, seco, seco.

Me cortan el pelo y queda corto, corto, corto.

Lo dejo crecer y queda
largo, largo, largo.

Duermo y hago
silencio, silencio, silencio.

Toco música y hago ruido, ruido, ruido.

La puerta del carro esta abierta, abierta, abierta.

Entro y queda
cerrada, cerrada, cerrada.

Los libros grandes son pesados, pesados, pesados.

**Los globos son
livianos, livianos, livianos.**

Dos manzanas son
iguales, iguales, iguales.

Manzanas y uvas son diferentes.

A Ana le gustan los elefantes porque son **GRANDES**.

A Owen le gusta la sopa porque es CALIENTE.

Made in the USA
Middletown, DE
28 July 2024

58029345R00022